Co... ...ttel

comme

joyeuses fêtes
et bonne année à
l'avance !

Emna

# SO BRITISH !

ou

l'humour à l'anglaise

François David

# SO BRITISH !

ou

l'humour à l'anglaise

Albin Michel

En hommage à mes complices
en *opening jokes*, Michel Roussin,
Jacques Friedmann, Daniel Soulez-Larivière,
David Reiner, Michel Leeb, Riquet et Gégé.

# Sommaire

# Avant-propos

**D**ès mon plus jeune âge, j'ai vécu alternativement à Paris et à Londres. À cette occasion, tel un entomologiste, j'ai pu observer la façon dont les Français et les Anglais se comportent vis-à-vis de leurs semblables, notamment lorsqu'ils veulent faire de l'esprit.

Le Français manie volontiers l'ironie. Se sentant souvent supérieur aux autres, il lui plaît de le faire sentir. Les piques de Talleyrand, prince de Bénévent, laissaient rarement leurs victimes indemnes. L'Anglais, lui, fait de l'esprit. Non pas qu'il ne se sente pas supérieur aux autres, *Rule Britannia...* mais il a, à leur égard comme à l'égard de lui-même, plus de distance et de recul. Il pratique un second degré à la vertu protectrice. Cela s'appelle l'humour.

Si l'on en croit le dictionnaire de l'Académie française, le mot « humour » a beaucoup voyagé de part et d'autre de la Manche. En voici la définition :
« HUMOUR, n.m. XVIIIᵉ siècle, *houmour*. Emprunté de l'anglais *humour*, de même sens, lui-même emprunté de l'ancien français *humeur*, au sens de « penchant à la plaisanterie, originalité facétieuse. Forme originale d'esprit, à la fois plaisante et sérieuse, qui s'attache à souligner, avec détachement mais sans amertume, les aspects ridicules, absurdes ou insolites de la réalité. [...] »
Tout est dit, ou presque.

Écoutons un discours prononcé par un Français et par un Anglais. Dans le premier cas, on a droit, si le propos est de qualité, à un argumentaire « à la Descartes », admirablement construit, nous entraînant irrémédiablement de la première phrase à la conclusion. En l'écoutant, on se sent intelligent. Maître de l'exercice : Valéry Giscard d'Estaing. Sur le moment on est ébloui. Le lendemain, quand on cherche à se souvenir du propos, on a tout oublié…
Passons au discours prononcé par un Anglais d'égale qualité. Il commence par un *opening joke*. L'orateur folâtre ensuite d'un sujet à un autre, empruntant au passage des citations à des poètes ou des écrivains. Avant de conclure par un *closing joke*. Sur le moment l'auditeur est charmé. Le lendemain, il se souviendra des *jokes* et, en général, du contenu.

J'ai entendu un grand nombre de discours quand j'étais diplomate à l'ambassade de France à Londres, haut fonctionnaire au ministère des Finances, à la direction Générale d'Aérospatiale ou président de Coface. J'en ai retenu, pour l'essentiel, les *opening jokes*. Je ne voudrais pas qu'ils soient perdus pour l'éternité…

En voici donc quatre-vingts, particulièrement jubilatoires.

*François David*

# Esprit
# d'à-propos

# En commençant un discours, une remise de prix, une allocution, il est très chic de démarrer par une citation ou une maxime.

Face à un public frappé par la crise et attaché à son épargne, on peut rappeler les deux secrets de la réussite du milliardaire américain Warren Buffet : « Règle n° 1, je ne perds jamais d'argent. Règle n° 2, je n'oublie jamais la règle n° 1. »

D evant des PME légèrement sceptiques face aux prévisions des instituts spécialisés et des gouvernements, deux pensées profondes méritent d'être rappelées. Celle du Britannique Kenneth Balding :

« Un économiste est un expert qui saura parfaitement vous expliquer demain pourquoi ce qu'il a prévu hier ne s'est pas passé aujourd'hui. »

… et celle du grand John Kenneth Galbraith :

« Il y a deux sortes de prévisionnistes : ceux qui ne savent pas et ceux qui ne savent pas qu'ils ne savent pas. »

Pour remonter le moral d'un public un peu déprimé, on peut rappeler la pensée roborative de Winston Churchill :
« Un pessimiste voit la difficulté dans chaque opportunité. Un optimiste voit l'opportunité dans chaque difficulté. »

Pour ceux qui s'inquiètent
de l'activisme de notre
« hyperprésident », ne pas oublier
la maxime de Clemenceau :
« Pour prendre une décision, il
faut être un nombre impair et trois
c'est déjà trop. »

Devant un public acquis à la peine de mort, Woody Allen avait déclaré :
« Quant à savoir si la peine de mort a un effet réellement dissuasif, cela

demeure discutable,
en dépit des études
tendant à prouver
que les criminels
commettent
statistiquement moins
d'infractions après
leur exécution. »

Beaucoup de conversations tournent à un moment ou à un autre autour de la diplomatie et des affaires étrangères : l'Iran, Obama, la Corée du Nord... On peut alors marquer un point en citant cette pensée d'un secrétaire général du Quai d'Orsay :

« Pour être un bon diplomate, il ne suffit pas d'être bête, encore faut-il être bien élevé. »

Ou alors, plus méchamment, mais cela ne vise personne en particulier :
« Qu'est-ce qu'un *french doctor* ? Un médecin qui fait des dépassements d'honoraires. »

S i on veut faire un tabac devant un public de P.M.E. en maniant une démagogie facile, on peut déclarer : « Dans le privé, on est payé pour ce que l'on fait. Dans le public, on est payé pour ce que l'on est. »

Enfin, si on est invité à prononcer un discours à la fin d'un repas particulièrement raté, on peut rappeler ce qu'un client s'exclamait au restaurant :

– Garçon, la nourriture est absolument immonde dans ce restaurant. Appelez-moi le patron.

– Désolé, monsieur, il est sorti déjeuner…

Bel
esprit

Les Britanniques sont sans conteste les spécialistes reconnus de l'humour. Ils y ajoutent deux particularités : le second degré poussé à son sommet et la concision.

La revue *Punch*, aujourd'hui disparue, en était le symbole.

Les exemples suivants peuvent servir, au choix, d'*opening joke* au début du discours ou de *closing joke* à la fin.

La cruauté n'est pas exclue…

Deux jeunes mariés posent devant un photographe pour immortaliser l'instant. Le photographe sort sa phrase rituelle :

– Vous pouvez arrêter de sourire maintenant.

*En anglais pour en apprécier tout le sel.*

A man and a woman are
talking together :
Woman : Generally
speaking, women are...
Man : Yes, they are.
Woman : They are what ?
Man : Generally speaking.

La femme : Généralement (parlant) les femmes sont...
L'homme : Oui, elles sont.
La femme : Elles sont quoi ?
L'homme : Généralement parlant (en train de parler).

Seul sur la scène d'une
salle de concert,
un violoniste joue
de son instrument
avec passion. Deux
Britanniques installés
dans une loge commentent.
Le premier demande :
- Que pensez-vous de son
exécution ?
Le second répond :
- Je suis pour.

Un client est assis à une table de restaurant. Le maître d'hôtel est à côté de lui, une fiche à la main pour préparer l'addition.

– Qu'avez-vous pris en entrée : de la soupe à la tomate ou de la soupe aux petits pois ?

– Je ne saurais le dire, commente le client. La soupe avait un goût de savon.

– Ah ! dit le maître d'hôtel avec componction. Cela doit être la soupe de tomate. La soupe aux petits pois a un goût de pétrole.

Un grand critique
littéraire de la fin du
XIX<sup>e</sup> siècle a déclaré :

« Je ne lis jamais
les livres que
je dois critiquer,
sinon je ne serais
pas objectif. »

Petite pique bien trouvée…
Un député très infatué lança un
jour une invitation par écrit, de
façon plutôt pompeuse :

« Sir John Knowles

sera chez lui mardi

prochain de 18 heures

à 20 heures. »

À la réception de cette
invitation, l'écrivain George
Bernard Shaw retourna sa
carte de visite en écrivant :

« George Bernard Shaw
aussi ».

Enfin, preuve que l'humour anglais se retrouve aussi en Écosse...

Un lord écossais invite trois amis à s'exercer à un jeu inventé par un de ses ancêtres. Celui-ci consiste à poser une pomme sur la tête de son jardinier, à placer l'homme à cinquante mètres et à tirer un trait d'arbalète pour couper le fruit en deux.

Le premier tire et la flèche coupe la pomme en deux.

Très fier, il s'exclame :

# « I am Robin Hood ! »

Le deuxième tire et coupe aussi le fruit en deux.

Très fier, il s'exclame :

# « I am William Tell ! »

Le troisième tire et rate sa cible. La flèche traverse la gorge du jardinier, qui s'écroule sur le sol. L'homme s'approche et dit :

# « I am... sorry ».

# Esprit
## de
## famille

41

Compte tenu de mes
responsabilités actuelles,
je suis souvent interrogé
sur la conjoncture
économique mondiale
et sur la situation
économique de tel ou
tel pays. Lorsque je me
trouve dans un pays
anglo-saxon (États-Unis,
Royaume-Uni...) on
me pose inévitablement
une question sur les

*So british !*

forces et les faiblesses de
l'économie française.
Sur les forces, je suis
intarissable. Je sors
le vade-mecum rédigé
par les spécialistes de
l'attractivité de la France,
logés à Bercy. Quand
on me presse de parler
des faiblesses, je raconte
l'histoire suivante :

44

**D**ans un bar sont accoudés un Allemand, un Anglais et un Français. Jésus-Christ entre dans le bar et demande au barman :

- Pourrais-je avoir quelque chose à boire ?

Le barman regarde son long manteau blanc et voit qu'il n'a pas de poche.

- Vous avez de quoi payer, monsieur ?

- Non, répond Jésus-Christ.

- Dans ces conditions, je regrette... dit le barman.

Immédiatement l'Allemand tend son verre de bière et dit :

## - Jésus, acceptez mon verre de bière.

L'homme le boit, serre la main de l'Allemand et dit :

- Merci monsieur, vous êtes un homme de bien.

L'Allemand regarde sa main, bouge ses doigts et s'exclame :

- Miracle ! Mon arthrose a disparu.

À son tour, l'Anglais tend son verre :

# - Jésus, acceptez ce whisky.

Jésus boit, serre la main de l'Anglais et dit :

- Merci. Vous êtes aussi un homme de bien.

L'Anglais se redresse et s'écrie :

- Miracle ! mon lumbago s'est envolé.

À son tour le Français tend son verre :
- Jésus, acceptez ce verre
de vin.
Jésus boit le vin, tend la main vers le
Français. Celui-ci se rétracte et dit :
- Non, pas moi. Je suis en congé
maladie.

Devant un public anglo-saxon, le
succès est garanti.

**Il existe une autre histoire mettant en scène le même trio, qui mettra un public anglais dans votre poche.**

Nos trois hommes sont arrêtés en Chine pour espionnage industriel et condamnés à mort. Le juge prononce la sentence et leur dit :

- Vous allez être exécutés demain matin. Mais comme nous sommes un pays très démocratique, vous avez le droit d'exprimer une dernière volonté. Elle sera exaucée.

Il se tourne vers le Français.

- Quelle est votre dernière volonté ?

- Comme je vais être exécuté demain matin, je souhaiterais que l'on me prépare ce soir un dîner d'une grande finesse, arrosé d'un Pétrus 1982.

- Aucun problème. Votre vœu sera exaucé. Et vous ? dit le juge en s'adressant à l'Allemand.

- Ce soir je souhaiterais prononcer un grand discours fondateur.

- Aucun problème, dit le juge. Puis s'adressant enfin à l'Anglais, et vous ?

- Pourrais-je être exécuté avant l'Allemand ?

**Certaines nationalités (mais pas toutes…) aiment bien se moquer d'elles-mêmes. C'est notamment le cas des Italiens et des Américains.**

Commençons par l'Italie.
Deux amis italiens se présentent à l'hôtel. L'un des deux est analphabète. L'employé de l'hôtel leur tend les fiches d'accueil à remplir. L'Italien éduqué demande :
- Puis-je remplir la fiche pour le compte de mon ami ? Il a une arthrose de la main.
- Bien sûr, répond l'employé.

Une fois la fiche remplie, l'employé dit :

- Il faut que votre ami signe.

L'analphabète prend le stylo et signe de deux croix.

- Pourquoi deux croix ? demande l'employé.

- La première est pour *dottore*[1]...

---

1. *dottore* : docteur

**Les Américains quant à eux ont repris la tradition des *opening jokes* britanniques. Bon sang ne saurait mentir.**

Déjà, au début du XX<sup>e</sup> siècle, Calvin Coolidge avait donné le ton. Il était réputé pour son laconisme. Le plus concis de tous les présidents américains. Lors d'un cocktail où il était l'invité d'honneur, une jeune mondaine entreprenante s'exclame, devant un cercle d'admiratrices :

- Je parie devant vous que j'arriverai à lui faire dire plus de trois mots.

Elle se faufile jusqu'au Président et lui dit :

- Monsieur le Président, j'ai fait le pari avec mes amies que j'arriverais à vous faire dire plus de trois mots.

- Vous avez perdu, dit Coolidge.

**La grande spécialité des Américains est, néanmoins, de se moquer de leurs dirigeants. On ne compte plus les *Clinton jokes* et les *Bush jokes*.**

Commençons par Bill Clinton…
Un jour un génie traverse la fenêtre du bureau ovale de la Maison Blanche où est installé Bill Clinton. Le génie se présente et lui dit :
– Bonjour, Président. Je suis un génie. Vous avez droit à un vœu, que je réaliserai.
– Formidable, dit Clinton.
Il ouvre un tiroir du bureau, en sort une carte de la Yougoslavie et la déplie.
– Regardez, génie. Vous voyez cette région sur la carte ? Il y a des Serbes, des Croates, des Monténégrins. Ils sont en permanence en guerre les uns contre les autres. Cela défie l'entendement.

Aidez-moi, génie. Pouvez-vous rétablir la paix dans cette région ?

Le génie regarde la carte longuement puis dit à Clinton :

– Président, pour la première fois de ma vie, je déclare forfait. Le sujet est trop compliqué. Je n'y arriverai pas. Est-ce que vous auriez un deuxième vœu ?

Bill Clinton réfléchit et dit :

– Oui. Pourriez-vous faire en sorte qu'Hillary devienne une épouse douce, aimante et attentionnée ?

Le génie réfléchit à son tour et dit :

– Pourriez-vous me remontrer la carte de la Yougoslavie ?

Un jour, Bill Clinton se rend à Washington à bord de l'avion présidentiel, *Air Force One*. Le commandant de bord annonce :

- Président, nous approchons de Washington DC. Pourriez-vous éteindre votre cigarette, attacher votre ceinture et redresser la position de... l'hôtesse de l'air ?

Bill Clinton fait du jogging dans les jardins de la Maison Blanche avec un superbe doberman en laisse. Un garde l'observe et lui dit :
- Superbe chien, monsieur le Président.
- Oui, je l'ai eu pour Hillary.
- Bel échange, monsieur le Président.

**Après Bill Clinton, le président Bush fut un véritable régal pour inventer des *opening jokes*.**

George W. Bush, en campagne électorale, visite une école. Il dit aux enfants :
- Bonjour les enfants. Je suis George W. Bush, votre Président. Je suis là pour répondre à vos questions. Je vous écoute.
Un gamin se lève et dit :
- Monsieur le Président, je m'appelle Bobby et j'ai trois questions à vous poser. Un : pourquoi avons-nous déclaré la guerre à l'Irak ? Deux : avez-vous trouvé les armes de destruction massive ? Trois : avez-vous localisé Ben Laden ?

À cet instant, la cloche de la récréation sonne. George W. Bush dit :

— Partez en récré. À votre retour, je répondrai à vos questions.

Un quart d'heure plus tard, les élèves reviennent en classe. Un gamin se lève et dit :

— Monsieur le Président, je m'appelle Peter et j'ai quatre questions à vous poser. Un : pourquoi avons-nous déclaré la guerre à l'Irak ? Deux : avez-vous trouvé les armes de destruction massive ? Trois : avez-vous localisé Ben Laden ? Quatre : savez-vous où se trouve Bobby ? On le cherche partout ; il semble avoir disparu.

**La guerre en Irak n'est pas particulièrement réjouissante mais offre quelques occasions de sourire.**

Un général américain traverse Bagdad dans sa voiture blindée. Un Irakien hurle à son attention :
- À bas Clinton, à bas Clinton !
Le général ouvre la portière et réplique :
- Je vous signale que Clinton n'est plus au pouvoir.
- Je sais, dit le manifestant. Mais de quoi aurais-je l'air si je criais « À bas Bush ! »

## Autre *Bush joke*, dont la chute ne peut être comprise qu'en anglais.

Un jour, George W. Bush convoque Condoleezza Rice et lui demande :
- Est-ce vrai, Condy, que tout le monde prétend que je suis stupide et qu'il y a quelque chose qui cloche avec mon cerveau ?
Condoleezza est très gênée et répond :
- Monsieur le Président, je ne suis pas une spécialiste du cerveau. Je suggère que vous alliez en voir un.
George W. Bush va donc voir un spécialiste du cerveau. Le médecin place des électrodes sur la tête du Président, regarde les résultats du test sur sa fiche et commente :
- Monsieur le Président, je suis bien ennuyé.
- Et pourquoi ? demande George W. Bush.
- *Because on the left side of your brain, there is nothing right, and on the right side, there is nothing left.*

So british !

Pour en finir avec les présidents, c'est l'histoire d'un vieux monsieur assis sur un banc en face de la Maison Blanche. Il se lève, se dirige vers le garde et dit :

- Pourrais-je parler à George Bush, s'il vous plaît ?

- Monsieur, George Bush n'est plus là, répond le garde.

Le lendemain, le même homme est encore là. Il quitte son banc, se dirige vers le garde et lui demande :

- Pourrais-je parler à George W.,
s'il vous plaît ?

- Monsieur, pour la deuxième
fois, George Bush n'est plus là.
Le surlendemain, le scénario se
répète :

- Pourrais-je parler à George
Bush, s'il vous plaît ?

- Monsieur, pour la troisième
fois, George Bush n'est plus là.
Pourquoi insistez-vous ?

**- Parce que j'aime tellement
vous l'entendre dire.**

- Tu connais la dernière ? Ma belle-mère a disparu.
- Sans blague ? Tu as donné sa description à la police ?
- Non. Si je l'avais fait, ils ne m'auraient pas cru.

- Si tu avais un dollar
et que tu demandais un
autre dollar à ton père,
combien de dollars
aurais-tu ?

- Un dollar.

- Tu ne connais pas ta
table de calcul.

- Toi, tu ne connais pas
mon père.

Un jeune élève corse vient de passer son brevet et rentre le soir à la maison.

Son père lui demande :

— Alors petit, ça s'est bien passé ton examen ?

— Papa, tu vas être fier de moi.

— Ah bon, pourquoi petit ?

— Ils m'ont interrogé pendant deux heures. Je n'ai rien dit...

# Mauvais esprit

Il arrive souvent qu'en début ou en fin de repas on invite le maître de maison à dire quelques mots. Si vous ne savez pas quoi dire ou que vous êtes tout simplement pris de court, vous pouvez évoquer une de ces trois anecdotes, historiquement exactes.

**Lorsque j'étais diplomate à Londres, Margaret Thatcher était Premier Ministre. Un de ses ministres m'a raconté l'histoire suivante, qu'il m'a assuré être absolument authentique.**

Un jour, pour être agréable et amicale, celle que l'on appelait la « Dame de fer » invite ses ministres au restaurant. Elle s'assied et ses ministres l'entourent.

Le maître d'hôtel s'approche
et demande :

– Avez-vous fait votre
choix ?

– Je prendrai un steak.

– **Et pour les légumes ?**

Elle regarde ses ministres…

– Ils prendront aussi un steak.

La vie politique britannique recèle des trésors d'humour « vache ». Winston Churchill était un champion dans le genre. Avant lui, Disraeli, Premier ministre de la reine Victoria, ne se débrouillait déjà pas si mal.

Disraeli était connu pour ne jamais accepter les dîners en ville. Un jour cependant, une femme de la haute société anglaise réussit à l'inviter. Du coup, elle réunit tout ce que la haute société britannique avait de plus représentatif. Elle place le Premier Ministre à sa droite. Le dîner se révèle

un désastre total. Tous les plats qui
auraient dû être servis chauds arrivent
froids. Mais comme tout le monde est
extrêmement bien élevé, personne
ne dit rien. Arrive le dessert. On sert
le champagne. Disraeli prend
sa coupe de champagne,
y trempe ses lèvres puis levant
son verre en direction
de la maîtresse de maison :
– Ah ! Madame, enfin quelque chose de
chaud !

En France, l'humour n'est pas une
tradition, même s'il existe un prix de
l'humour politique dont le lauréat est
le plus souvent André Santini, maire
d'Issy-les-Moulineaux. Longtemps
avant lui, il y avait un maître en
la matière, le prince de Bénévent,
Talleyrand.

Lors d'un dîner organisé
dans les dernières années
de l'Ancien Régime, parmi
les convives, se trouvait un

homme qui s'appelait Dubois.
Peu satisfait de son nom,
qu'il trouvait trop banal,
ce dernier l'avait fait changer
en « du Boÿs ». Passant
les plats à table, Talleyrand
s'adressa à lui :
- Monsieur du Boÿs, vous
reprendrez bien des petits
poÿs...

*So british !*

**La dernière anecdote n'a rien d'historique. Elle est néanmoins arrivée à un de mes amis et mérite d'être racontée.**

Alors qu'il conduisait sa voiture dans le Pays basque de façon peut-être un peu dangereuse, notre homme dérape et son véhicule se retrouve à moitié engagé au bord d'un précipice. Il sort de la voiture en tremblant puis voit au loin un paysan sur son tracteur. Il s'approche et lui dit :
– Monsieur, vous voyez ma voiture là-haut, au bord du précipice. Pourriez-vous m'aider à la remettre sur le droit chemin avec votre tracteur ?

- Bien sûr, monsieur. Mais je n'ai pas besoin de mon tracteur.

Le Basque s'approche de la voiture, soulève l'avant puis l'arrière et la replace sur la route.

Le Parisien, admiratif, s'exclame :

- Dites donc, vous êtes costaud !

- Oui, monsieur, je suis basque.

- Et quel est votre secret ?

- Mon secret ? C'est que je me nourris bien.

- Ah bon ? Et qu'avez-vous mangé à déjeuner ?

- J'ai mangé un mouton.

- Un mouton ? Tout seul ?

- Ah non, avec des haricots !

# Ceci m'amène à embrayer inévitablement sur une histoire de voiture.

Un gendarme arrête un véhicule qui roule à 200 km/h.
Il s'adresse au conducteur :
– Monsieur, vous venez de conduire à 200 km/h.
Montrez-moi vos papiers.
– Non, dit le conducteur.
– Monsieur, sortez de votre véhicule et ouvrez le coffre.
– Non, je n'ouvrirai pas le coffre. Il contient un cadavre.
Le gendarme lui intime alors l'ordre de rester là.
Il va voir son chef et lui dit :
– Chef, je suis ennuyé. Je viens d'arrêter un conducteur qui faisait du 200 km/h. Je lui ai demandé ses papiers, il m'a dit non. Je lui ai demandé de sortir de son véhicule, il m'a dit non. Je lui ai demandé

Mauvais esprit

d'ouvrir son coffre. Il a refusé car il dit transporter
un cadavre. Que dois-je faire ?
– Suis-moi, dit le chef. Je vais lui parler.
Les deux hommes s'approchent du conducteur. Le chef :
– Monsieur, montrez-moi vos papiers.
– Mais bien sûr, monsieur, dit le conducteur en
souriant.
– Sortez du véhicule.
– Mais bien sûr, dit l'homme toujours souriant.
– Ouvrez le coffre.
– Oui, monsieur dit le conducteur.
Il ouvre le coffre... Celui-ci est vide et le chef s'étonne :
– Je ne comprends pas. Mon adjoint vous demande
vos papiers, vous dites non. Il vous demande de sortir
du véhicule, vous dites encore non. Il vous demande
d'ouvrir le coffre, vous refusez assurant qu'il y a un
cadavre dedans, or il est vide.
– Je parie qu'il vous a dit aussi que je roulais à 200 km/h,
dit le conducteur...

# Esprit de chapelle

Lorsque j'étais directeur au ministère des Finances, dans les années quatre-vingt, je me suis souvent rendu en Union Soviétique. D'un abord froid au départ, mes interlocuteurs sont devenus de plus en plus amicaux au fil des réunions, et ont même montré un sens de l'humour aigu, au point de se moquer de leur propre système de gouvernement, ce qui, à une époque où tout le monde était sur écoute, était particulièrement osé. Je me souviens de quelques histoires...

Un homme se présente chez un concessionnaire Lada pour acheter une voiture.

- Vous avez de quoi payer ? demande le concessionnaire.

- Oui, répond l'homme en présentant une valise remplie de billets tout froissés.

- Très bien. Il faut maintenant que vous remplissiez le formulaire : numéro de votre carte du parti, adresse du domicile, extrait de casier judiciaire, travaux d'intérêt collectif...

L'homme remplit tous les documents.

- C'est parfait, dit le concessionnaire.
Le dossier est maintenant complet.

- Et quand aurai-je le véhicule ?
Le concessionnaire ouvre un grand
livre et dit :

- Nous sommes aujourd'hui le
26 juin, vous l'aurez exactement le
même jour dans dix ans. Dix heures
du matin, cela vous va ?
L'homme ouvre son agenda.

- Non, j'ai un problème. C'est le
jour et l'heure où j'attends mon
plombier.

# Une belle histoire stalinienne

À l'époque de Staline, on découvre au fin fond
de l'Asie, une tombe et des ossements. Une
équipe spécialisée de Moscou se rend sur les
lieux. Elle fait des tests au carbone 14 et revient
deux ans plus tard. Elle annonce à Staline que
ce sont les ossements de Gengis Khan. Staline
est enchanté : c'est la preuve que Gengis Khan
a choisi d'être enterré sur le territoire de
l'Union soviétique. Il pense s'en servir
politiquement mais, comme il est très méfiant,
il envoie une autre équipe de Leningrad pour
une contre-expertise. Celle-ci revient un an
plus tard en annonçant que ce ne sont pas les
ossements de Gengis Khan.
Staline, furieux, convoque Beria, le chef du
sinistre NKVD, et lui dit :

- Camarade Beria, cela fait trois ans que les experts se querellent pour savoir si oui ou non ce sont les ossements de Gengis Khan. J'aimerais que tu te rendes sur place et que tu me fasses ton rapport.

- C'est comme si c'était fait, camarade secrétaire général, dit Beria.

Il revient quinze jours plus tard.

- Camarade secrétaire général, ce sont bien les ossements de Gengis Khan.

- Très bien, mais, dis-moi, nos meilleurs experts se querellent depuis trois ans et toi, tu reviens après quinze jours en affirmant que ce sont les ossements de Gengis Khan. Comment le sais-tu ?

- Il a parlé, dit Beria.

# Plus près de nous, une histoire russe

Le chef économiste du Fonds Monétaire International est envoyé en Russie pour apprécier la situation économique du pays. Il rencontre le chef économiste russe et lui demande :
- En un mot, comment qualifieriez-vous la situation économique de la Russie ?
Le Russe hésite quelques instants puis répond :
- Bonne.
Comme cette réponse lui paraît un peu courte, l'économiste du F.M.I. insiste :
- Alors en deux mots, comment qualifieriez-vous la situation économique russe ?
Le Russe hésite encore quelques instants puis répond :
- Pas bonne.

Un écrivain anglais, feu Stephen Potter, pratiquait un humour encore aujourd'hui inégalé. Dans son œuvre maîtresse*, il a théorisé une méthode immanquable pour se moquer de son voisin. Cette méthode avait pour but de briller en société au détriment des autres.

La technique est la suivante : lorsqu'au cours d'un dîner ou d'une réunion, un convive attire l'attention de tous en racontant une histoire ou une anecdote, il suffit de rester silencieux dans son coin jusqu'à ce que la péroraison soit achevée. À cet instant, en général, le silence se fait. Et là, d'une petite voix mais suffisamment haute pour que tout le monde entende, vous dites :

# - C'est vrai ce que vous dites, monsieur, mais pas dans le Sud.

(Vous observerez que, quel que soit le pays où se situe l'histoire ou l'anecdote, il y a une spécificité du Sud. C'est vrai en France, aux États-Unis, en Italie, en Chine, etc.).
Tous les regards se tournent alors vers vous. Vous vous êtes ainsi positionné comme quelqu'un qui en sait plus que l'orateur, mais qui ne s'est pas mis en avant. Quant à l'orateur, il hésite à vous reprendre, ne sachant pas si vous connaissez le sujet mieux que lui ou si vous bluffez.

*One-Upmanship, Being Some Account of the Activities and Teaching of the Lifemanship Correspondence College of One-Upness and Gameslifemastery*, Rupert Hart-Davis, 1952.

Dans les histoires suivantes, en revanche, on se moquera gentiment de ses voisins, avec amitié, voire avec complicité. En effet, chaque pays a un voisin souffre-douleur. Pour la France, ce sont les Belges, pour les Anglais, les Irlandais et pour les Américains, assez curieusement, les Polonais et les Italiens. L'inverse est tout aussi vrai, bien que moins connu. Les histoires belges sur les Français sont tout aussi jubilatoires et souvent assez féroces. De même les blagues irlandaises sur les Anglais. Nous ne nous attacherons ici qu'aux souffre-douleur classiques...

**Histoires irlandaises, pour briller devant un public anglais**

Que faites-vous pour qu'un Irlandais se brûle l'oreille ?
Vous lui téléphonez pendant qu'il repasse son pantalon...

Pourquoi une femme irlandaise, lorsqu'elle s'endort le soir, place sur sa table de nuit un verre d'eau plein et un verre vide ?

Parce que, lorsqu'elle se réveille la nuit, parfois elle a soif, parfois elle n'a pas soif.

# Histoires belges pour briller en France

Un Belge conduit sa voiture. Sur le siège avant, à côté de lui, trône un pingouin.

Un agent de police l'arrête et lui demande :

- Que fait ce pingouin dans votre voiture ?

- Cela tombe bien que vous m'en parliez. Je l'ai trouvé sur le bord de la route et je l'ai mis dans ma voiture pour qu'il ne soit pas écrasé. Et justement, je voulais savoir ce que je dois en faire.

- C'est clair, dit l'agent de police. Il faut l'emmener au zoo.

Le lendemain, l'agent de police retrouve le même Belge à son volant, toujours flanqué du pingouin.

- Encore vous, dit-il. Vous n'avez pas fait ce que je vous ai dit ?

- Si bien sûr. Je l'ai conduit au zoo. Il a trouvé cela très intéressant. Aujourd'hui, je l'emmène au cinéma.

Parmi les convives d'un dîner, se trouve un Belge nommé Van der Brooke. Le téléphone sonne. La maîtresse de maison quitte la table et revient quelques instants plus tard.

– M. Van der Brooke, c'est pour vous.

Le Belge quitte à son tour la table puis revient une minute plus tard, la mine défaite.

Il s'adresse aux convives du dîner :

– Chers amis, j'ai une très mauvaise nouvelle à vous annoncer. Mon père vient de mourir.

Les convives prennent tous un air de circonstance.

Quelques instants plus tard, le téléphone sonne de nouveau. La maîtresse de maison quitte la table, puis revient en disant :

- M. Van der Brooke, c'est encore pour vous.

Le Belge quitte à nouveau la table, puis revient quelques instants plus tard, l'air encore plus sombre :

- Chers amis, un malheur n'arrive jamais seul ; je viens d'avoir mon frère au téléphone. Son père aussi vient de mourir.

*So british !*

Une belle classique belge qui se passe dans un zoo du nord de la France. Celui-ci héberge une femelle ourse avec de longs poils blancs et de superbes yeux marron. Depuis plusieurs mois, des fax sont envoyés dans divers zoos de France pour trouver un ours à longs poils blancs et aux yeux marron afin de faire des petits oursons. Sans succès.

Un jour, un ami du directeur du zoo, apprenant ses difficultés, lui dit :

– Je connais un bûcheron, de l'autre côté de la frontière, en Belgique, qui a de longs cheveux blancs et de superbes yeux marron. Pourquoi ne lui demanderiez-vous pas de s'accoupler avec votre ourse ? On ne sait jamais. Cela pourrait marcher.

– Bonne idée, pense le directeur.

Ils se rendent dans la forêt et posent la question au bûcheron.

– Pour dix mille euros, accepteriez-vous de copuler avec une très belle ourse aux cheveux blancs et aux yeux marron ?

Le bûcheron belge réfléchit et répond :

– Il faut que j'en parle à mon épouse. Revenez demain matin.

Le lendemain :

– Vous avez pris une décision ? demande le directeur.

– Oui, dit le bûcheron. Nous en avons abondamment parlé avec mon épouse. J'accepte, mais à trois conditions :

– Mon épouse et moi-même sommes des catholiques très pratiquants. Si le bébé ourson naît, accepteriez-vous qu'on le baptise ?

– Pas de problème.

– Deuxième condition, et là mon épouse est très stricte. Pendant l'acte d'amour, accepteriez-vous que je ne l'embrasse pas sur la bouche ?

– Pas de problème, et la troisième condition ?

– Les dix mille euros, peut-on les payer en quatre fois ?

*So british !*

# Histoire polonaise et... italienne, à raconter à un public américain

Un Américain se présente à l'hôpital à New York. Il va voir le chirurgien en chef et lui dit :

– Voilà. J'ai pris une décision. Je souhaiterais que vous m'opériez pour devenir polonais.

Le chirurgien prend son temps pour répondre :

– Vous êtes sûr, monsieur ? C'est une opération très délicate puisqu'elle consiste à retirer un tiers du cerveau.

– J'ai bien réfléchi, dit l'Américain. Je souhaite devenir polonais.

– J'insiste, monsieur, dit le chirurgien, sur les risques que comporte cette opération.

– Je les prends.

On l'opère. Le lendemain matin, le chirurgien vient à son chevet.

– Je vous avais prévenu que l'opération était délicate. Pendant l'opération, le bistouri a légèrement dérapé. Au lieu de vous retirer un tiers du cerveau, on vous en a retiré la moitié.

– *Mamma mia* ! s'exclame l'Américain.

Une variante française
(à raconter à un fan
du PSG) consiste à
parler d'un Français
qui veut devenir belge.
Par accident, on lui
retire aussi la moitié du
cerveau. En se réveillant,
il s'exclame :
- Allez l'OM !

# Esprit es-tu là ?

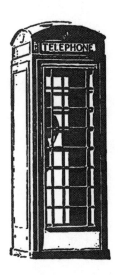

Quand les religions se moquent
d'elles-mêmes. La matière est
beaucoup plus délicate. Les
religions et l'humour font
rarement bon ménage. Les termes
sont même, dans leur substance,
en grande partie contradictoires.
La religion implique
l'engagement. L'humour n'existe
qu'avec le décalage et le recul. Avec
une exception notoire : la religion
juive.
L'humour juif new-yorkais,
popularisé par un Groucho Marx

ou un Woody Allen, a donné le ton.
Les juifs new-yorkais se moquent
d'eux-mêmes de façon jubilatoire.
Peut-être une façon de se protéger
contre les avanies de l'histoire.
Ils ont donné naissance à un
style d'histoires subtil et raffiné.
Comme le lecteur de cet ouvrage
est lui-même subtil et raffiné
et qu'il ne rencontre que des
personnes ayant les mêmes
qualités, il peut sans crainte
démarrer un discours par une des
histoires suivantes.

Moshé Cohen décède. Son fils, Abraham, appelle la rédaction de son journal préféré et demande la rubrique nécrologique.

– Mon père Moshé vient de mourir, dit-il. Puis-je faire passer une petite annonce dans votre rubrique ?

– Toutes mes condoléances, monsieur. Bien sûr !

– Quel est votre prix le moins cher ? demande Abraham.

– C'est cent euros pour deux lignes, répond son interlocuteur.

– OK, je prends, dit Abraham.

– Bien, monsieur. Que voulez-vous qu'on écrive ?

– Vous écrivez « Moshé Cohen décédé ».

– Bien monsieur, mais vous avez droit à une deuxième ligne.

– Alors, vous ajoutez « Volvo à vendre ».

Aron Rosenberg téléphone, de Paris, à son fils Nathanaël à New York.

– Nathanaël, j'ai une mauvaise nouvelle à t'annoncer. Ta mère et moi allons divorcer.

Nathanaël n'en croit pas ses oreilles.

– Ce n'est pas possible, papa. Vous êtes mariés depuis quarante-cinq ans. En plus, vous faites cela juste avant les fêtes juives ?

– Oui, mon fils. On a pris cette décision. Et j'aimerais que tu appelles ta sœur Sarah à Chicago pour le lui annoncer.

Nathanaël appelle Sarah.

– Tu connais la dernière nouvelle ? Papa et maman divorcent.

– Ce n'est pas possible, s'exclame Sarah. Après quarante-cinq ans de mariage et juste avant les fêtes ?

– Eh oui...

- Je vais appeler papa, dit Sarah.

Elle appelle Aron.

- Papa, qu'est-ce que j'apprends ? Tu vas divorcer.

- Oui, ma fille.

- Après quarante-cinq ans de mariage et juste avant les fêtes ?

- Oui, ma fille.

- Papa, promets-moi quelque chose. Je prends l'avion ce soir avec Nathanaël. On arrive demain pour en discuter. Promets-moi de ne rien précipiter avant notre arrivée.

- C'est promis, dit Aron.

Il raccroche le téléphone, se tourne vers son épouse Rosa et lui dit :

- Rosa, deux bonnes nouvelles. Un, les enfants viennent pour les fêtes, et deux, on ne paye pas les billets d'avion.

Moshé Cohen envisage d'acheter un costume. Un de ses amis qui porte beau lui dit :

- Tu veux acheter un costume ? Une seule adresse : René, 47, avenue des Ternes.

- Ah bon ? Qu'a-t-il de spécial ?

- Tu vois mon costume, lui dit son ami en lissant sa veste, une qualité exceptionnelle. Et en plus, chez René, le deuxième costume est gratuit.

Moshé prend bonne note et se précipite avenue des Ternes. On lui ouvre la porte.

- Je suis bien chez René ?

- Oui, c'est moi.

- Coucou, me revoilà !

**Deux *opening jokes* très courts :**

Quelle différence y a-t-il entre une maman juive et un terroriste d'Al Qaida ?
Avec un terroriste, on peut négocier…

Un juif séfarade téléphone à un ami :
- Comment ça va ?
- Bien, merci.
- Ah, je vois que tu n'es pas seul. Je te rappelle demain.

Yasser Arafat doit se faire
soigner en raison d'un cancer
avancé. On lui suggère de
se rendre en France, où les
cliniques et les hôpitaux
sont particulièrement
performants.
On l'opère à l'hôpital.
Le lendemain matin, il se
réveille et demande :
- Où suis-je ?
- À Villejuif.

Du coup, il s'évanouit.
On le réveille et il demande :
- Et qui m'a opéré ?
- Le professeur Israël.
Il s'évanouit à nouveau.
On le réveille à nouveau et
il demande :
- Quel temps fait-il ?
- Maussade.
Et là, il s'évanouit
définitivement.

Au cours d'un dîner très parisien, le consensus se fait très rapidement autour de l'idée que toutes les catastrophes qui se sont produites au cours du XX^e siècle sont de la faute des juifs. L'un des convives s'offusque :

- Comment pouvez-vous dire une chose pareille ?

- Mais si, dit le maître de maison. C'est évident. Réfléchissez. La bombe atomique, c'est Einstein et Oppenheimer. Les communistes, c'est Marx et Engels. Les déviations sexuelles, c'est Freud. Chaque fois, ce sont des juifs.

Le même convive paraît sceptique. Le maître de maison reprend la parole.

- Citez-moi une grande catastrophe du XX^e siècle qui ne soit pas la faute des juifs.

Le convive réfléchit et se lance.

- Le naufrage du *Titanic,* ce n'est quand même pas la faute des juifs.

- Ah oui ? Et iceberg, ça ne vous dit rien ?

**Parmi les religions, la confession juive détient le quasi-monopole des histoires drôles. Une petite histoire catholique mérite néanmoins d'être signalée.**

Elle se passe il y a quelques décennies au fin fond de l'Irlande du Sud. Dans une famille très pauvre, une jeune fille ravissante de dix-sept ans se morfond et ne voit pas quel avenir elle peut avoir à la ferme. Elle décide de partir pour Londres.

Pendant trois ans, elle ne donne pas signe de vie. Mais, un beau jour, elle réapparaît à la ferme, vêtue d'un superbe manteau de vison et conduisant une Rolls-Royce blanche. Sa famille l'accueille avec beaucoup d'émotion.

- Qu'es-tu devenue ma fille ?, demande
sa mère. On n'a eu aucune nouvelle depuis
trois ans.

- Je suis devenue prostituée, dit la fille.

À ces mots, la mère s'évanouit. On lui passe
les sels et elle se réveille.

- Tu es devenue quoi ? demande-t-elle.

- Une prostituée.

Un large sourire barre alors le visage de sa
mère.

- Ouf ! J'ai eu chaud. Je croyais que tu étais
devenue protestante.

La secrétaire rentre dans le bureau du psychiatre et lui dit :

- Monsieur Nori est à nouveau dans la salle d'attente pour vous voir. Cette fois, il prétend qu'il est invisible.

- Dites-lui que je ne peux pas le voir.

So british !

Un cow-boy entre en ville
et s'arrête au saloon pour
prendre une bière. Quand il a
terminé, il ressort et s'aperçoit
qu'on a volé son cheval. Il retourne
dans le saloon, sort son revolver et
tire un coup de feu dans le plafond.
- Quel est le salopard qui a volé
mon cheval ?, hurle-t-il d'un ton
menaçant.
Personne ne répond. Il reprend la
parole.
- Je vais boire une autre bière. Et

si mon cheval n'est pas de retour
quand j'ai fini, je vais faire ce que
j'ai fait au Texas. Et je préfère ne pas
vous dire ce que j'ai fait au Texas.
Dix minutes plus tard, il ressort et
retrouve son cheval. Il s'installe sur
la selle pour repartir. Le barman
sort du saloon et lui demande :
- Avant que vous ne partiez,
pouvez-vous me dire ce que vous
avez fait au Texas ?
- Oui. J'ai été obligé de rentrer à
pied.

# Esprit de finesse

Les femmes ont
toujours été supérieures
aux hommes. La
première histoire
en est l'illustration
frappante. La deuxième
est peut-être moins
convaincante...

Une femme conduit sa voiture, de nuit, dans la campagne. Soudain, elle freine brutalement, les phares braqués sur un énorme crapaud assis au milieu de la route. Elle descend de son véhicule, prend le gros crapaud baveux et le pose délicatement sur la chaussée. Le crapaud se transforme immédiatement en génie et lui dit :

– Madame, vous êtes une femme de bien. Vous venez de me sauver la vie. Vous avez droit à trois vœux et je vous promets de les exaucer.

– Formidable, dit la femme.

– Oui, Madame, mais je vous mets en garde. Chaque vœu qui se réalisera pour vous se réalisera deux fois plus pour votre mari.

– Ce n'est pas un problème, dit la femme.

- Bien. Quel est donc votre premier vœu ?

- Je voudrais être très belle, dit la femme.

- Très bien. Vous allez être très belle. Mais je vous signale que votre mari sera deux fois plus beau.

- Ce n'est pas un problème.

- Très bien. Quel est votre deuxième vœu ?

- Je voudrais être très riche.

- Très bien. Vous allez être très riche, mais votre mari sera deux fois plus riche.

- Ce n'est pas un problème.

- Très bien. Alors, quel est votre troisième vœu ?

- Mon troisième vœu ? Je voudrais avoir une *petite* crise cardiaque.

So british !

C'est un congrès de féministes. La présidente de la réunion ouvre les débats :

– Chères amies, nous sommes réunies ici pour faire le point sur la condition de la femme. Je trouve tout à fait anormal que nous, les femmes, soyons les seules à la maison à faire la cuisine, le ménage et la vaisselle. Il serait normal que les hommes participent activement.

– Oooooh ! s'exclament en chœur toutes les invitées.

– Voici ce que je propose, continue la présidente. On va choisir trois personnes dans la salle, une Française, une Suédoise et une Portugaise. Vous rentrerez ce soir chez vous et, sur un ton très sévère, vous direz à votre époux : demain, c'est toi qui es en charge de la cuisine, de la vaisselle et du ménage. Puis on se retrouve dans quinze jours pour voir s'il y a du progrès.

– Bonne idée, s'exclament en chœur toutes les participantes.

Quinze jours plus tard, elles se réunissent à
nouveau. La présidente s'adresse à la Suédoise :
- Alors, Greta, comme cela s'est-il passé ?
- Eh bien, dit Greta, j'ai dit à Olaf, sur un ton
très sévère, demain c'est toi qui fais la cuisine, la
vaisselle, le ménage. Le premier jour, je n'ai rien
vu ; le deuxième jour, je n'ai rien vu ; le troisième
jour, je n'ai rien vu. Le quatrième jour, en
revanche, je l'ai vu prendre un balai et commencer
à nettoyer le sol de la cuisine.
- Aaah ! Progrès !, s'exclame l'assistance en chœur.
- Et toi, Christine ?, dit la présidente en
s'adressant à la Française.
- Eh bien, dit Christine, j'ai dit à Philippe, sur un
ton très sévère, demain c'est toi qui fais la cuisine,
la vaisselle et le ménage. Le premier jour, je n'ai
rien vu ; le deuxième jour, je n'ai rien vu ; le
troisième jour, je n'ai rien vu. Le quatrième jour,
en revanche, je l'ai vu allumer la plaque chauffante

et faire cuire des œufs sur le plat.

– Aaah ! Progrès !, s'exclame l'assistance.

– Et toi, Sofia ?, dit la présidente en s'adressant à la Portugaise.

– Eh bien, dit Sofia, j'ai dit sur un ton très sévère à Sergio, demain c'est toi qui fais la cuisine, la vaisselle et le ménage. Le premier jour, je n'ai rien vu ; le deuxième jour, je n'ai rien vu ; le troisième jour, je n'ai rien vu. Le quatrième jour, j'ai commencé à voir légèrement de l'œil gauche.

En cas de présence d'une Portugaise dans la salle, il serait peut-être opportun de trouver une autre nationalité souffre-douleur…

Le problème avec les *opening jokes* est que, bien souvent, ils ne peuvent être racontés... qu'en anglais. En effet, ils jouent souvent sur les mots et sont donc souvent difficiles à traduire. Comme le lecteur de ce livre est un érudit anglophone, ce qui suit ne devrait lui poser aucun problème.

Question : *What is the difference between a tyre and 365 condoms ?*
Réponse : *A tyre is a Goodyear.*
*365 condoms is a very, very good year...*

Un homme fait son jogging à Central Park. En courant, il voit une balle de tennis dans l'herbe, la ramasse et la glisse dans sa poche.
Un peu plus tard, une jeune femme s'approche de lui.
– Cela vous ennuie si je me joins à vous pour courir ?
– Bien au contraire, c'est un plaisir...

Ils partent, courant côte à côte... Soudain, la femme s'avise de la protubérance qui déforme le jogging de son voisin. L'homme s'aperçoit de son trouble et précise :

– *This is a tennis ball.*

– *Wow*, dit la jeune femme, *I had a tennis elbow and that was terribly painful!*

## Dans la même veine, si j'ose dire.

Un jour, Bill Gates téléphone à Bill Clinton.

- Dites-moi, Président, quelle est la signification de l'expression que je lis dans les journaux : *oral sex* ?

Clinton répond :

- Désolé Bill. Je ne peux vous répondre. Je suis actuellement en réunion avec le National Security Council. Je vous suggère d'appeler Monica Lewinsky.

Bill Gates appelle Monica :

- Dites-moi, Monica, quelle est la signification de l'expression que je lis dans les journaux : *oral sex* ?

- Désolé Bill. Je ne peux vous répondre.
Je suis actuellement en rendez-vous avec
la presse. Je vous propose de venir plus
tard dans la journée vous expliquer de
quoi il s'agit.

- Volontiers, ce serait formidable, merci
Monica.

L'après-midi, Monica se rend dans
le bureau de Bill Gates et « passe à
l'action ».

Quand tout est terminé, Bill Gates dit :

- *Well, thank you very much, Monica. Now I know
the meaning of this expression, "oral sex".*

- *No, it is me who thanks you, says Monica. Because
at last I know now why they call you Micro... soft.*

*So british !*

# Et puis, la fameuse histoire du diplomate tchèque...

Un groupe de diplomates européens chasse le Tigre en Inde. Alors qu'ils rentrent à leur *lodge*, ils s'aperçoivent que leur collègue tchèque n'est pas là. Ils retournent sur le terrain de chasse et demandent aux locaux :

– Avez-vous vu le diplomate tchèque ?

– Oui, nous l'avons vu, mais il a été dévoré par un tigre mâle.

Le petit groupe reprend les armes et s'en va tuer le tigre mâle. On lui ouvre le ventre mais pas de diplomate tchèque !

Morale de l'histoire : *Never trust an Indian when he says the Czech is in the male... (the cheque is in the mail).*

## Autre *opening joke* qui en dit long sur l'aptitude controversée des Français à l'apprentissage des langues étrangères :

Un Italien, un Espagnol et un Français postulent pour un job en Angleterre. Avant l'entretien, on leur demande de composer une phrase contenant les mots *green* (vert), *pink* (rose) et *yellow* (jaune).
L'Italien d'abord :
*– I wake up in the morning. I see the yellow sun. I see the green grass and I think to myself, I hope it will be a pink day.*
L'espagnol, ensuite :
*– I wake up in the morning, I eat a yellow banana, a green pepper and in the evening I watch the pink panther on TV.*
Le Français enfin :
*– I wake up in the morning. I hear the phone "green... green...". I "pink" up the phone and I say "Yellow ?"*

**Et pour les lecteurs complètement bilingues, quelques contrepèteries :**

*What is the difference between a woman coming out of church and a woman coming out of her bath ?*
*A woman coming out of church has her soul full of hope and a woman coming out of her bath has her hole full of soap.*

What is the difference between a bad
marksman and a constipated owl ?
A bad marksman shoots but can't hit.
A constipated owl hoots but can't shit.

What is the difference between a proud
rooster and an american lawyer ?
A proud rooster is clucking defiance
and an american lawyer is fucking the
clients.

Un banquier meurt et arrive au ciel. Saint Pierre l'accueille et lui demande :

Vous êtes qui ?

– Je suis un banquier.

– Et où voulez-vous aller, au paradis ou en enfer ?

Le banquier se rengorge.

– Je suis banquier, monsieur. J'ai l'habitude du *benchmark*. Avant de prendre une décision, je cherche à comparer.

– Très bien, dit saint Pierre, on va vous les faire visiter.

On le dirige vers le paradis. Il frappe à la porte et un ange lui ouvre.

– Vous êtes qui ?

– Je suis banquier.

– Bienvenue au paradis.

Il pénètre dans un vaste hall aux murs peints en bleu pastel. Toute une série d'anges se promènent, le visage extatique, jouant de la harpe, souriant, buvant de la camomille, bercés par une musique sirupeuse. Au bout d'une heure, le banquier commence à s'ennuyer fermement. Il remonte chez saint Pierre, qui le guide vers l'enfer. Il frappe à la porte et un diable lui ouvre.

– Vous êtes qui ?

– Je suis banquier.

– Bienvenue en enfer.

Il pénètre sur un terrain de golf. On lui offre des clubs. Il fait un dix-huit trous. Puis on l'amène dans une boîte où le whisky coule à flot, animé par des gogo girls affriolantes. Il s'amuse follement. Lorsqu'il retourne chez saint Pierre, celui-ci lui demande :

– Vous avez fait votre choix ?

– Oui. Après mûre réflexion, je crois que je vais choisir l'enfer. On le redirige vers l'enfer. Il ouvre la porte. Un diable le pousse brutalement sur le sol recouvert de charbons ardents. On lui pique les fesses avec un trident. Autour de lui, les gens crient et hurlent.

– Je ne comprends pas, dit le banquier. Qu'est-ce que cela veut dire ? Hier, j'ai fait une partie de golf…

Le diable l'interrompt.

– Vous êtes banquier ? Alors vous devriez comprendre. Hier, vous étiez un prospect. Aujourd'hui, vous êtes un client.

Large
d'esprit

Depuis deux siècles, l'histoire du Royaume-Uni se confond avec l'histoire du… golf, véritable institution dans le pays. C'est d'ailleurs un sport typiquement britannique. Il exige des qualités que l'imagerie populaire reconnaît à nos amis d'outre-Manche : la discipline, la courtoisie, le fair-play et la capacité à prendre du recul lorsque, à la suite d'un coup malheureux, la balle tombe dans l'eau.

Né en Grande-Bretagne, il s'est développé dans les autres pays anglo-saxons et notamment aux États-Unis avec l'emblématique Tiger Woods. Il a été introduit en France plus tardivement. D'abord limité à un public plutôt snob, il s'est diffusé ensuite plus largement dans l'Hexagone.

Près de la moitié des *opening jokes* anglais se font sur une histoire de golf. Il serait temps que l'on prenne le relais.

Deux vieux Anglais jouent au golf.
Sur la route voisine arrive un
cortège d'enterrement. Le premier
Anglais arrête de jouer, enlève
sa casquette, tandis que passe le
cortège funèbre.
- Ah ! dit l'autre, je n'aurais jamais
imaginé qu'un joueur comme vous
se découvrirait sur le passage d'un
enterrement.
- Que voulez-vous, nous avons
tout de même été mariés pendant
40 ans.
(Histoire à ne pas raconter
en présence de Tiger Woods...)

Jésus-Christ joue au golf avec Moïse. Ils arrivent au trou n° 12. Jésus-Christ se retrouve à deux cents mètres du *green*. Juste devant le *green* se trouve un étang. Jésus-Christ prend son fer 7. Moïse lui dit :

– Jésus, le *green* est à deux cents mètres. Jamais tu ne l'atteindras avec le fer 7. Seul Arnold Palmer a réussi à le faire.

Jésus n'écoute pas ce conseil. Il frappe la balle avec son fer 7. La balle s'élève dans les airs et tombe dans l'étang. Jésus se dirige vers l'étang, marche sur l'eau et récupère sa balle. Il revient à sa

place d'origine et reprend sont fer 7. Il
retape la balle, elle s'élève dans les airs
et retombe dans l'eau. À nouveau, il se
dirige vers l'étang, marche sur l'eau et
récupère la balle.
Le manège commence à susciter
l'intérêt des autres joueurs. L'un d'eux
s'approche de Moïse et lui demande :
- Qui c'est ce type ? Il se prend pour
Jésus-Christ ?
- Non, dit Moïse. Il se prend pour
Arnold Palmer.

Un golfeur joue avec son épouse. Ils arrivent au trou n° 14 qui est un par trois. L'homme place sa balle sur le *tee*, sort son fer 7, frappe la balle. La balle tombe dans le *rough*. Entre le *rough* et le *green*, il y a une poubelle. L'homme demande à son épouse si elle peut soulever la poubelle. Il prend son fer 3 pour faire rouler la balle sous la poubelle. Mais il rate son coup, la balle rebondit sur la poubelle et frappe son épouse sur la tête. Elle tombe, morte. Effondré, l'homme se réfugie chez lui et, pendant trois mois, reste reclus, sans voir personne. À l'issue de ces trois mois, un de ses amis lui dit :

– Ce qui t'est arrivé est affreux. Mais, la vie continue. Retourne au club et rejoue au golf. Cela te détendra.

– Tu crois ?

– Mais oui, vas-y.

Il retourne au club. Un joueur s'approche de lui et lui propose de faire une partie. Ils se retrouvent au trou n° 14. Le golfeur place sa balle sur le *tee*, sort son fer 7, frappe la balle. La balle tombe dans le *rough* exactement au même endroit que précédemment.

- Désolé, dit le golfeur. Je ne peux pas continuer à jouer.

- Monsieur, c'est à vous de jouer.

- Non. Désolé. Je ne peux pas.

- Mais enfin, pourquoi ?

- Parce que la dernière fois que j'ai tapé la balle exactement à cet endroit, il m'est arrivé quelque chose d'épouvantable.

- Ah bon ? Et quoi donc ?

- J'ai fait un *double bogey*...

Cette histoire me rappelle que lorsque j'étais diplomate à l'ambassade de France à Londres, l'ambassadeur était Jacques Caron de Beaumarchais, représentant typique du Quai d'Orsay « vieille France » que l'imagerie populaire véhicule. Comme son illustre ancêtre, il était doué d'une plume magnifique. Mais à la différence de son ancêtre, il avait l'habitude de ne prendre position sur aucune des questions que le ministère lui posait.

Je voyais partir les télégrammes qu'il rédigeait, jour après jour. Ils étaient tous admirablement écrits. Mais chaque fois qu'une question lui était posée, il répondait invariablement que le sujet était complexe, qu'il y avait du pour et du contre et que, dans ces conditions, il était très difficile de trancher.

Une fois seulement, je l'ai vu prendre position clairement. C'était à l'occasion du congrès du parti conservateur qui devait trancher entre Edward Heath et Margaret Thatcher pour diriger le mouvement. Le ministère lui demanda son avis.

– En aucun cas, écrivit-il, ce ne sera Margaret Thatcher, et pour deux raisons. Une raison sociologique : le peuple britannique est foncièrement masculin (le mot « machiste » n'existait pas encore) et n'acceptera jamais de promouvoir une femme. Et une raison pratique : le club du parti conservateur, le « Carlton club » est interdit aux femmes. Donc elle ne pourrait s'y rendre.

Mme Thatcher fut, cependant, élue chef du parti conservateur...

# Esprit mal placé

Lorsqu'ils sont entre eux, les Anglais n'hésitent pas à raconter des *jokes* grivois, parfois même franchement lestes. J'espère que le lecteur me pardonnera d'en donner quelques exemples, que j'ai relevés surtout lorsqu'ils clôturaient un repas bien arrosé.

C'est un joueur de tennis qui, une fois la partie terminée, prend sa douche.
Il est tout nu, avec une serviette à portée de main quand soudain il entend des voix de femmes. Je me suis trompé de vestiaire, pense-t-il. Tout honteux, il sort de la douche, le visage caché par la serviette.
Trois femmes le détaillent minutieusement.
– Ce n'est pas mon mari, dit la première.
– Effectivement, ce n'est pas ton mari, dit la seconde.
– Et ce n'est personne du club… dit la troisième.

# Juste avant de se mettre à table, au moment de l'apéritif, l'histoire suivante fait un tabac.

Un homme descend les Champs-Élysées et un autre remonte la même avenue. Soudain, ils se croisent et tombent dans les bras l'un de l'autre.

- Ce n'est pas possible, dit le premier. Je croyais que tu étais mort quand cette grenade a explosé sous nos pas, pendant la guerre d'Algérie.

- Mais moi aussi, je croyais que tu étais mort. Mais que t'est-il arrivé ?

- Eh bien, cette grenade a explosé et un éclat a sectionné mon oreille. Je suis allé dans une clinique de chirurgie réparatrice où l'on m'a greffé une oreille de singe. Depuis j'entends parfaitement bien. Et même mieux qu'avant. Et toi ?

- Eh bien, un éclat de grenade a sectionné mon pénis. Je suis allé aussi dans une clinique de chirurgie réparatrice et on m'a greffé une trompe de bébé éléphant nain. C'est formidable. Je fais tout comme avant.

- Tout ? Il n'y a aucune différence ?

- Si, quand même. Pendant les cocktails, quand on passe les cacahuètes.

*So british !*

**Si la réunion à laquelle vous assistez se passe dans un bar, n'hésitez pas à démarrer votre intervention par le *joke* suivant :**

L'histoire se passe dans un bar. James Bond est assis au comptoir.

Une femme s'approche et lui dit :

– Pardon, monsieur, vous ne seriez pas James Bond ?

– Oui, parfaitement.

– Le fameux James Bond 007 ?

– Oui, tout à fait.

– C'est bien vous qui avez cette fameuse montre Oméga qui fait des tas de choses extraordinaires ?

– Oui, dit-il en la lui montrant.

– Et que vous dit-elle en ce moment ?

James Bond regarde son Oméga et dit :

– Elle me dit que je suis à côté d'une superbe femme qui ne porte pas de culotte.

– Faux, dit la femme en soulevant sa jupe et en montrant sa culotte.

– Oh, pardon. Excusez-moi. J'ai oublié de vous dire que j'avance d'une heure…

So british !

La scène se passe dans
une piscine municipale.
Un homme, après quelques
longueurs, sort de l'eau, s'installe
sur le bord et commence à
regarder les autres nageurs. Il
remarque rapidement une jeune
femme qui lui semble ravissante
et qui nage parfaitement. Elle
enchaîne les allers-retours,
virevolte dans l'eau. Il est fasciné
par cette sirène et reste là un long
moment à l'observer. Enfin, elle

sort de l'eau, retire son bonnet de
bain, secoue sa longue chevelure.
N'y tenant plus, les yeux fixés sur
son corps parfait, il s'approche :
- Mademoiselle, je vous ai
observée longuement, vous nagez
divinement bien, j'imagine
que vous devez préparer une
compétition ?
- Non, répond-elle avec un
sourire forcé, je suis pute
à Venise.

*So british !*

# Une belle histoire de pays de l'Est.

Un homme de Minsk se trouve dans le Nevada et
frappe à la porte d'une maison close à 18 heures. La
mère maquerelle lui ouvre et demande :

– C'est à quel sujet ?

– Je voudrais Madeleine, répond l'homme de Minsk.

– Madeleine ? Vous êtes sûr ? C'est notre
professionnelle la plus chère ; c'est mille dollars la
nuit.

– Ce n'est pas un problème, répond l'homme.

Il passe la nuit avec Madeleine et paye mille dollars.
Le lendemain soir, il revient à 18 heures et frappe à la
porte. La mère maquerelle lui ouvre et demande :

– C'est à quel sujet ?

– Je voudrais Madeleine, répond-il.

– Encore ? C'est mille dollars.

– Je suis au courant.

Il passe la nuit avec Madeleine et paye mille dollars.

Le lendemain, il revient à 18 heures et frappe à la
porte. La mère maquerelle lui ouvre et demande :

- C'est à quel sujet ?

- Je voudrais Madeleine, répond-il.

- Ce n'est pas possible, encore ?

- Oui.

Il passe la nuit avec Madeleine. Le lendemain matin,
Madeleine se réveille et regarde l'homme avec intérêt.
C'est la première fois qu'un homme la demande
trois nuits de suite. Il faut que j'en sache plus sur lui,
pense-t-elle.

- D'où venez-vous, monsieur ?, demande-t-elle.

- Je suis de Minsk.

- De Minsk, en Biélorussie ?

- Oui, parfaitement.

- Quelle coïncidence, dit la fille. J'ai une sœur qui
habite Minsk.

- Oui, je la connais très bien. Elle m'a donné trois
mille dollars pour que je vous les remette.

**Une petite histoire néerlandaise,
également avec une professionnelle.**

Un homme se promène dans le
quartier rouge d'Amsterdam.
Il voit, derrière une vitrine,
une superbe professionnelle. Il
frappe sur la vitre. Sans succès.
Du coup, il frappe avec ses
deux poings, un peu plus fort.
Toujours sans succès.

Enfin, il finit par donner de grands coups de pied.

La professionnelle ouvre la porte et le regarde.

- C'est combien ? demande-t-il.

- Deux mille euros, dit-elle.

- Deux mille euros ? s'exclame-t-il. C'est hors de prix !

- Oui, monsieur, mais c'est du double vitrage.

Continuons par une petite histoire israélienne, qui se passe pendant les années soixante.

L'épouse du Premier ministre Menahem Begin se plaint à une amie :

– Je ne sais pas quoi penser. Mon mari ne s'occupe plus de moi. Il ne me regarde même pas. Je ne sais pas quoi faire.

Son amie lui répond :

– C'est normal. Il est en plein préparatif de la guerre des Six Jours. Il est débordé. En plus, continue-t-elle, tu as vu comment tu es habillée, ou plutôt fagotée ? Un vrai remède à l'amour.

– Qu'est-ce que tu me conseilles ?

– Va à la boutique Courrèges. Achète-toi

un ensemble sexy. Et quand il rentrera du bureau, mets cet ensemble. Tu verras. Il réagira sûrement.

Elle se précipite chez Courrèges, achète un soutien-gorge sexy avec un globe blanc et un globe noir et une nuisette transparente.

Son mari rentre le soir et la voit dans cette tenue. Son regard se fixe sur le globe noir du soutien-gorge.

- Ça y est, ça marche, pense-t-elle.

Il continue à fixer le soutien-gorge et dit soudain :

- Mais bien sûr. J'allais oublier. Il faut que j'appelle Moshe Dayan.

# Une histoire franchement leste...

Une vieille institutrice qui n'a pas encore connu les joies de la chair est affectée dans une école, en pleine campagne. Soudain, elle tombe de saisissement devant un grand paysan viril, une sorte de Depardieu rural, et ressent dans son bas-ventre des troubles totalement inconnus.

Elle se présente et dit au paysan, de but en blanc :

– Excusez-moi de vous poser cette question aussi franchement, mais accepteriez-vous de m'épouser ?

Le paysan réfléchit quelques secondes et se dit qu'après tout, épouser l'institutrice ne serait pas plus bête qu'autre chose. Il accepte.

La cérémonie a lieu à la mairie et en préparation de la nuit de noce, l'institutrice se met en nuisette, se couche sur le lit et attend son époux.

Il entre en coup de vent, voit la femme allongée, se précipite sur elle et la prend violemment. Émue aux larmes, elle le regarde les mains jointes sur la poitrine et lui dit, en latin :

– *Consumatum est.*

– C'est p't'être ben vrai, dit le paysan, mais il faut que j'aille faire les foins.

Il revient deux heures plus tard. Elle est toujours dans la même position. Le paysan remet ça. Elle le regarde de nouveau, la larme à l'œil et dit :

– *Consumatum est.*

– C'est p't'être ben vrai, mais il faut que je ramasse le purin.

Il revient deux heures plus tard. Elle est toujours dans la même position. Il la retourne et la sodomise brutalement et dit alors :

– *Consumatum ouest.*

So british !

## Une autre, tout aussi incorrecte, entendue dans un club pourtant particulièrement chic.

Alfred a un ami qui souffre d'un grave défaut.
Il est muet. Il a vu beaucoup de spécialistes, sans
succès. Alfred lui dit :
- Je viens d'apprendre qu'un spécialiste vient de
s'installer près de chez moi. Il guérit les muets avec
un taux de succès de 90 %.
Le muet se rend à l'adresse indiquée et sonne à la
porte. Le docteur l'accueille.
- C'est pour quoi ? demande-t-il.
- Mmm…, prononce le muet en montrant sa
gorge.
- Ah, je vois, vous êtes muet.
- Mmm… acquiesce le malade.

- Ça tombe bien, c'est ma spécialité. Entrez.

Le muet entre dans le cabinet et le docteur lui dit.

- Déshabillez-vous !

- Mmm…, proteste le muet en montrant sa gorge.

- Oui, je sais. Déshabillez-vous.

Le muet se déshabille et reste en slip.

- Le slip aussi, dit le docteur.

- Mmm…, proteste le muet.

- Oui, je sais. Le slip aussi.

Le muet ôte son slip. Le docteur le retourne en le tenant par les épaules et le sodomise brutalement.

- Ah !, crie le muet.

- C'est bien, dit le docteur, demain on passe à B.

Un jour Sherlock Holmes
demande au Dr Watson de
venir le voir à 16 heures
au 221b Baker Street.
Il arrive avec une heure
d'avance. Comme il a la
clé, il prend la liberté
d'entrer, traverse la salle
à manger, entre dans le
salon et trouve Sherlock

en train de proposer des chocolats au cherry à une petite fille. Le Dr Watson, horrifié, s'exclame :

- Ce que vous faites est insensé, Sherlock. Cette petite fille pourrait être en cours primaire !

- Non, *élémentaire*, mon cher Watson.

# Et, pour terminer, l'histoire devenue mythique de l'homme au cheval vert.

Un homme fait du cheval chaque matin dans Hyde Park. Chaque jour, il croise une superbe jeune femme qui, elle aussi, monte à cheval. Il essaye, chaque jour, d'attirer son attention, mais n'y réussit jamais. Il pose la question à l'un de ses amis :

- Que puis-je faire pour l'attirer chez moi ? Je n'arrive même pas à lui parler.

- C'est très simple, répond son ami. Va acheter un pot de peinture verte et peins ton cheval en vert. Demain, quand elle te croisera, normalement elle dira : « Pourquoi avez-vous peint votre cheval en vert ? » À quoi tu répondras : « Mademoiselle, puis-je vous offrir un café et vous le dire ? » Puis, tu prends un café avec elle.

- Et après le café, je la b... ? dit-il avec avidité.

- Mais non, mais non. Bien sûr que non. Si tu t'entends bien avec elle, tu l'invites à dîner dans un restaurant romantique avec violons et chandelles, et tu dînes avec elle.

– Et après le dîner, je la b… ?

– Mais non, mais non. Bien sûr que non. Si le dîner se passe bien, tu la réinvites deux ou trois fois. Puis, si tout continue de bien se passer, tu l'invites à un week-end culturel à Paris. Tu lui fais voir Notre-Dame, la Sainte-Chapelle…

– Et après la Sainte-Chapelle, je la b… ?

– Mais non, mais non. Bien sûr que non. Si le week-end s'est vraiment bien passé, alors là tu l'invites à Bangkok, à l'Hôtel Oriental, qui est l'hôtel le plus romantique du monde. Tu réserves deux suites séparées. Et après deux semaines, si tout se passe bien, tu arriveras sans doute à tes fins.

Notre homme va donc acheter un pot de peinture verte et peint son cheval. Le lendemain, il grimpe sur son cheval à Hyde Park et croise la jeune femme.

Elle le regarde et lui demande :

– Pourquoi avez-vous peint votre cheval en vert ?

– Pour vous b… à Bangkok !

Derrière l'auteur de ce recueil, se cache un ancien élève de Sciences po Paris et de l'ENA, qui acheva sa carrière au sein du ministère des Finances comme directeur des relations économiques extérieures avant d'intégrer le groupe Aérospatiale comme directeur général international puis de devenir le président de Coface, ce qu'il est toujours. Se cache aussi un auteur éclectique, dont la production comprend plusieurs ouvrages d'économie internationale, dont *La guerre de l'export* ou *L'économie internationale à la dérive*, deux polars dont l'un situé en mai 68 : *Un joli mois de mai*, et un autre, écrit sous pseudonyme... ou encore une biographie, celle de son ancêtre, *Jacques Cœur ou l'aventure de l'argent*, un essai polémique intitulé *Autopsie de la Grande-Bretagne*. Et une modeste auto-biographie : *Itinéraire d'un énarque gâté*.

Il s'attaque ici à un nouveau genre car le rire est quelque chose de trop sérieux pour le laisser aux seuls humoristes. Fort de 17 années passées en Grande-Bretagne (quinze comme élève au Lycée Français de Londres, couronnées par le baccalauréat anglais, puis un séjour de 2 ans à l'Ambassade de France à Londres), François David a bénéficié d'une éducation biculturelle imbibée d'*opening jokes*. *Opening jokes* qu'il a pu roder au cours de centaines de discours pour captiver et détendre ses auditoires.

Il nous en délivre aujourd'hui les meilleures.

Conception graphique et réalisation : Stéphanie Le Bihan

Éditions Albin Michel
22, rue Huyghens, 75014 Paris
www.albin-michel.fr

ISBN : 978-2-226-21595-6
Dépôt légal : septembre 2010
N° d'édition : 19063/01
N° d'impression : 102096/1

Imprimé en France sur les presses de CPI Bussière